BEI GRIN MACHT SICH IHR WISSEN BEZAHLT

- Wir veröffentlichen Ihre Hausarbeit, Bachelor- und Masterarbeit

- Ihr eigenes eBook und Buch - weltweit in allen wichtigen Shops

- Verdienen Sie an jedem Verkauf

Jetzt bei www.GRIN.com hochladen und kostenlos publizieren

Bibliografische Information der Deutschen Nationalbibliothek:

Die Deutsche Bibliothek verzeichnet diese Publikation in der Deutschen National-
bibliografie; detaillierte bibliografische Daten sind im Internet über http://dnb.d-
nb.de/ abrufbar.

Impressum:

Copyright © 2001 GRIN Verlag, Open Publishing GmbH
Druck und Bindung: Books on Demand GmbH, Norderstedt Germany
ISBN: 978-3-668-10702-1

Dieses Buch bei GRIN:

http://www.grin.com/de/e-book/215258/was-ist-mobbing-beschreibungen-und-
definitionen

Anna Breunig

Was ist Mobbing? Beschreibungen und Definitionen

Soziologie sozialer Probleme

GRIN Verlag

Mobbing

Referat aus dem Bereich Soziologie sozialer Probleme

im Rahmen des Studiums Soziale Arbeit
an der Evangelischen Hochschule Reutlingen

16.01.2001

Anna Breunig

Inhalt

1. Was ist Mobbing? Beschreibungen / Definitionen

„Jemand spielt einem übel mit und man spielt wohl oder übel mit"
Oswald Neuberger (1999)

Es gibt lt. Neuberger keine wahren oder richtigen Definitionen des Mobbings, sondern nur zweckmäßige. Es sind Vorschläge, sich auf eine bestimmte Sichtweise zu verständigen. Sie beschreiben Wirklichkeitsausschnitte so, dass die anderen sie genauso sehen können.

Der Begriff Mobbing wird vom Englischen **„to mob"** hergeleitet.

„to mob" = (jemanden) bedrängen, anpöbeln, attackieren, angreifen; über jemanden herfallen; sich zusammenrotten

Das semantische Umfeld des Begriffs wird durch Umschreibungen charakterisiert, die in den Texten über Mobbing auftauchen: Psychoterror, Kleinkrieg, Kollegen- Killing, Fertigmachen, Psychostress, Wegekeln, Rufmord, Pöbeleien, pausenloses Kompetenzgerangel, Tratsch, Demütigungen, Erpressungen, Schikanen, Intrigen, Machtspiele u.ä.

‚Mobbing' wird 1976 von *Brodsky*, einem amerikanischen Arbeitsrechtler, wie folgt definiert:

„Beeinträchtigendes Verhalten beinhaltet wiederholte und fortdauernde Versuche einer Person, eine andere Person zu quälen, zu zermürben zu frustrieren oder sie zu einer Gegenreaktion zu provozieren. Es ist eine Behandlung, die eine andere Person fortdauernd provoziert, unter Druck setzt, ihr Angst einjagt, sie einschüchtert oder ihr auf andere Weise Unannehmlichkeiten bereitet... . Das Problem beginnt, wenn die Beeinträchtigung exzessiv ist oder wenn die Toleranz des Beeinträchtigten für eine solche Behandlung niedrig ist und er sie als negative Einschüchterung erlebt".

(Neuberger; 1999, S.4)

Die erste, die das Schlagwort Mobbing einer breiteren Öffentlichkeit in Deutschland nahegebracht hat, war *Monika Moebius*. Sie veröffentlichte 1988 in der Zeitschrift ‚Psychologie heute' ihren Beitrag „Psychoterror im Betrieb". Ihre Definition:

„Sozialen Stress nennen Arbeitspsychologen, was sich in der Arbeitswelt tagtäglich zwischen Kollegen und Vorgesetzten an Ärger, Streit, Schikanen und übler Nachrede abspielt. Als Psycho- Terror, der langfristig die Opfer krank macht ..."

(Neuberger; 1999; S.2)

Einem schwedischen Psychologen und Psychiater, *Heinz Leymann*, verdankt die breite Öffentlichkeit die Sensibilisierung des Themas „Mobbing".

Mit Mobbing ist lt. Leymann eine kommunikative Situation gemeint, die für den Einzelnen gravierende psychische (und somit auch körperliche) Folgen mit sich zu bringen droht. Mobbing ist ein zermürbender Handlungsablauf. Einzelne Handlungen werden erst dann zum Mobbing, wenn sie sich ständig wiederholen.

(Leymann, 1993, S.21)

Eine praxisrelevante Definition von Mobbing gibt *Walter*:

> „Mobbing bezeichnet Konflikte,
>
> - bei denen alle nur verlieren;
> - bei denen auf die Dauer einzelne Personen deutlich unterliegen. Und zwar nicht nur in bezug auf diesen einen Konflikt, sondern mit ihrer ganzen Persönlichkeit;
> - die nichts mehr mit der Suche nach einer Lösung, einem Kompromiss zu tun haben, sondern die nur um ihrer selbst willen geführt werden;
> - die aus unsichtbaren, irrationalen Interessen geführt werden;
> - bei denen Verhaltensweisen an den Tag gelegt werden, die alle Parteien grundsätzlich verurteilen und für die beide Seiten keine Verantwortung übernehmen;
> - bei denen die Parteien sich gegenseitig für die Eskalation verantwortlich machen;
> - bei denen ein sichtbarer Streitgrund, der rational zu lösen wäre, nicht oder nicht mehr erkennbar ist;
> - bei denen alle Beteiligten eine rationale Auseinandersetzung ablehnen und auf der in ihren Augen berechtigten emotionalen Position bestehen;
> - die sich durch beiderseitige Hilflosigkeit auszeichnen"
>
> (Walter, 1993, S.38)

Ulrike Brommer sagt, dass Mobbing keine Mode- Erscheinung ist. Mobbing ist eine sehr ernste, eine sehr traurige, oftmals eine sehr tragische Angelegenheit, die die dunklen, destruktiven Seiten des zwischenmenschlichen Umgangs sehr deutlich offenbart (das herzlose ‚Miteinander').

(Brommer, 1995, S.7)

Oswald Neuberger präsentiert eine Sammlung von Definitionen von Mobbing. Einige Beispiele:

Niedl (1995):

> „Unter Mobbing am Arbeitsplatz werden Handlungen einer Gruppe oder eines Individuums verstanden, denen von einer Person, die diese Handlungen als gegen sie gerichtet wahrnimmt, ein feindseliger, demütigender oder einschüchternder Charakter zugeschrieben wird. Die Handlungen müssen häufig auftreten und über einen längeren Zeitraum andauern. Die betroffene Person muss sich zudem aufgrund wahrgenommener sozialer, ökonomischer, physischer oder psychischer Charakteristika außerstande sehen, sich zu wehren oder dieser Situation zu entkommen."

Prosch (1995):

> „Mobbing stellt einen sozialen Konfliktprozess dar, in dessen Verlauf mit zunehmender Eskalation eine Personifizierung von Streitpunkten stattfindet. Der Ursprung der Entstehung liegt primär in strukturellen und sozialen Faktoren, die sich auf das Verhaltensmuster der am Konfliktprozess beteiligten Personen auswirken.

Die dabei gezeigten Konfliktverhaltensweisen sind gekennzeichnet durch systematische feindselige Handlungen, die von einem Individuum oder einer Gruppe nachhaltig gegen eine bestimmte Person gerichtet werden, welche dem Konflikt auf Dauer deutlich unterliegt und für diese Person, wie auch für den Betrieb negative Folgen mit sich bringen."

Die von Leymann mitbegründete *„Gesellschaft gegen psychosozialen Stress und Mobbing e.V."* schlägt folgende Definition vor:

„Unter Mobbing wird eine konfliktbelastete Kommunikation am Arbeitsplatz unter Kollegen oder zwischen Vorgesetzten und Untergebenen verstanden, bei der die angegriffene Person unterlegen ist (1) und von einer oder einigen Personen systematisch, oft (2) und während längerer Zeit (3) mit dem Ziel und/ oder dem Effekt des Ausstoßes aus dem Arbeitsverhältnis (4) direkt oder indirekt angegriffen wird und dies als Diskriminierung empfindet."

(Neuberger, 1999, S.13ff)

Axel Esser, ein Arbeitspsychologe, beschreibt:

Beschäftigte oder Vorgesetzte handeln feindselig gegen eine einzelne Person. Die Feindseligkeit wird in einer Grauzone zwischen erlaubten und verbotenen Handlungen ausgetragen. Sie wird oft intrigant (verdeckt, versteckt oder anonym) vorgetragen. Die Angriffe werden so geplant, dass die Böswilligkeit nur schwer zu beweisen ist. Bevorzugt werden Arglosigkeit und Schwachstellen des Opfers ausgenutzt. Alle Möglichkeiten zu einer gleichberechtigten Auseinandersetzung werden ausgeschlossen. Es wird versucht, die Möglichkeit der Gegenwehr zu vereiteln oder systematisch zu untergraben. Die Feindseligkeit wird über längere Zeit ausgeübt.

(Esser, 1997, S.20)

Oswald Neuberger behauptet:

‚Mobbing' ist ein moderner Aufhänger, der es erlaubt, Erfahrungen und Probleme zu thematisieren, die vorhanden waren, aber nicht als eigener Komplex ausgesondert und aufbereitet wurden. Die Qualität der sozialen Beziehungen am Arbeitsplatz war schon immer ein wichtiges Thema. Der Psychoterror bei der Arbeit hat nur einen neuen Namen bekommen und nicht zuletzt durch geschickte Marketing- Strategie ist er zum öffentlichen Thema geworden.
Und er argumentiert, dass ein neuer Name in einer wissenschaftlichen Diskussion durchaus vorteilhaft werden kann:
„Man muss sich weder mit der bisherigen Forschungsgeschichte, noch mit konkurrierenden Ansätzen beschäftigen – weil man ja etwas ‚Neues' untersucht – und kann sich auf diese Weise gegen Kritik immunisieren. Das mündet in die Strategie, externe KritikerInnen mit dem Argument von der Diskussion auszuschließen, sie verstünden nichts von der Sache, so wie sie die Eingeweihten nun einmal definierten."

(Neuberger, 1999, S.7 f.)

Er sagt auch, dass am Mobbing–Diskurs sich „nicht nur Betroffene, sondern auch Parasiten" beteiligen. Als letztere meint er Journalisten, Berater, Wissenschaftler, Therapeuten,

4

Gewerkschafter, Kirchenleute und Sozialpolitiker. Sie alle engagieren sich nur aus eigenen Interessen (Artikel, Talkshows, Ratgeberliteratur, Anti-Mobbing-Kurse, Forschungsprojekte, Hilfsangebote, usw.) *und* nach eigenen Regeln.

Mobbing aus der Sicht der Wissenschaft, nach Leymann:

„Mobbing besteht aus systematischen Angriffen, die sehr oft (mindestens einmal die Woche) und über längere Zeit (mindestens ½ Jahr) ausgeübt werden. Die Angriffsformen bestehen aus einem *Katalog von 45 Handlungen*. Sie lassen sich in drei Themenbereiche zusammenfassen:

- die Kommunikation einschränken,
- das Ansehen angreifen,
- die Arbeitsaufgabe manipulieren.

(Walter, 1993, S. 25f.)

Mobbing aus der Sicht der Unternehmenspraxis nach Walter:

„Es gibt zahlreiche Fälle von psychischem Terror im Betrieb, die in viel kürzerer Zeit eskalieren. Auch wenn jemand nur über einen oder zwei Monate intensivem Terror ausgesetzt ist, der ihn in die Krankheit, in die Arbeitslosigkeit, Frührente oder schlimmstenfalls zu einem Selbstmordversuch treibt, ist er ein Mobbingopfer."

(Walter, 1993, S.27)

Jede dieser Definitionen, so Oskar Neuberger, beinhaltet nähere Beschreibung des ‚Übels'. Mobbing überfordert die Bewältigungsmöglichkeiten einer Person. Diese können beim einen Menschen schon nach wenigen Wochen, bei anderen erst nach Jahren so erschöpft sein, dass für andere Lebensinhalte keine Kraft mehr vorhanden ist. Diese Relativität gilt auch für die ‚Intensität'. Was für eine Person eine Lappalie ist, kann eine andere aus dem Gleichgewicht bringen. Das Vorliegen einer systematischen zerstörerischen Feindseligkeit ist objektiv nicht zu belegen, da die Überforderung subjektiv ist.

2.   Mobbing–Handlungen, Mobbingverlauf.

2.1   Mobbing – Handlungen

Leymann teilt Mobbing–Handlungen in fünf Kategorien ein:

1. Mitteilungsmöglichkeiten
2. Soziale Beziehungen
3. Soziales Ansehen
4. Qualität der Berufs- und Lebenssituation
5. Gesundheit

Die ersten drei beziehen sich auf Differenzierung kommunikativer Inhalte und Formen. Die zwei weiteren thematisieren die Qualität der Arbeit und körperliche Unversehrtheit.

Die <u>45 Mobbing–Handlungen</u> nach Leymann:

1. Angriffe auf die Möglichkeit, sich mitzuteilen:

   - Der Vorgesetzte schränkt die Möglichkeiten ein, sich zu äußern.
   - Man wird ständig unterbrochen.
   - Kollegen schränken die Möglichkeit ein, sich zu äußern.
   - Anschreien oder lautes Schimpfen.
   - Ständige Kritik an der Arbeit.
   - Ständige Kritik am Privatleben.
   - Telefonterror.
   - Mündliche Drohungen.
   - Schriftliche Drohungen.
   - Kontaktverweigerung durch abwertende Blicke oder Gesten.
   - Kontaktverweigerung durch Andeutungen, ohne dass man etwas direkt ausspricht.

2. Angriffe auf die sozialen Beziehungen:

   - Man spricht nicht mehr mit dem/ der Betroffenen.
   - Man lässt sich nicht ansprechen.
   - Versetzung in einem Raum weitab von den Kollegen.
   - Den Arbeitskollegen/ innen wird verboten, den/ die Betroffenen/e anzusprechen.
   - Man wird wie Luft behandelt.

3. Auswirkungen auf das soziale Ansehen:

   - Hinter dem Rücken des Betroffenen wird schlecht über ihn gesprochen.
   - Man verbreitet Gerüchte.
   - Man macht jemanden lächerlich.
   - Man verdächtigt jemanden, psychisch krank zu sein.
   - Man will jemanden zu einer psychiatrischen Untersuchung zwingen.
   - Man macht sich über eine Behinderung lustig.
   - Man imitiert den Gang, die Stimme oder Gesten, um jemanden lächerlich zu machen.
   - Man greift die politische oder religiöse Einstellung an.
   - Man macht sich über das Privatleben lustig.
   - Man macht sich über die Nationalität lustig.
   - Man zwingt jemanden, Arbeiten auszuführen, die das Selbstbewusstsein verletzen.
   - Man beurteilt den Arbeitseinsatz in falscher und kränkender Weise.
   - Man stellt die Entscheidungen des/ der Betroffenen in Frage.
   - Man ruft ihm/ ihr obszöne Schimpfworte oder andere entwürdigende Ausdrücke nach.
   - Sexuelle Annäherungen oder verbale sexuelle Angebote.

4. Angriffe auf die Qualität der Berufs- und Lebenssituation:

   - Man weist dem Betroffenen keine Arbeitsaufgaben zu.
   - Man nimmt ihm jede Beschäftigung am Arbeitsplatz, so dass er sich nicht einmal selbst Aufgaben ausdenken kann.
   - Man gibt ihm sinnlose Arbeitsaufgaben.
   - Man gibt ihm Aufgaben weit unter seinem eigentlichen Können.

-   Man gibt ihm ständig neue Aufgaben.
-   Man gibt ihm <<kränkende>> Arbeitsaufgaben.
-   Man gibt den Betroffen Arbeitsaufgaben, die seine Qualifikation übersteigen, um ihn zu diskreditieren.

5. Angriffe auf die Gesundheit:

-   Zwang zu gesundheitsschädlichen Arbeiten.
-   Androhung körperlicher Gewalt.
-   Anwendung leichter Gewalt, zum Beispiel um jemandem einen <<Denkzettel>> zu verpassen.
-   Körperliche Misshandlung.
-   Man verursacht Kosten für den/ die Betroffenen/e, um ihm/ ihr zu schaden.
-   Man richtet physischen Schaden im Heim oder am Arbeitsplatz des/ der Betroffenen an.
-   Sexuelle Handgreiflichkeiten.

(Leymann, 1993, S. 33f)

Die innere Logik dieser Aufstellung ist nicht ganz stimmig, vermittelt jedoch einen guten Eindruck über die Vielfältigkeit der Mobbingmöglichkeiten.

Oswald Neuberger ergänzt diese Liste:

-   exzessives und demonstratives Wartenlassen,
-   nicht grüßen, Grüße nicht erwidern,
-   jemanden (eigene, erfundene) Fehler in die Schuhe schieben,
-   völlig unberechenbare, aus heiterem Himmel wechselnde Launen,
-   Verschwörungen anzetteln,
-   Hilfeangebote oder Solidarität anderer Organisationsmitglieder dadurch entmutigen, dass Ansätze dazu rigoros unterbunden werden,
-   In aller Öffentlichkeit (nicht: ‚hinter dem Rücken') jemand ‚zusammenstauchen', abkanzeln und oder herabsetzen,
-   Ohne jede Begründung und völlig unerwartet die bisherigen Aufgaben oder Kompetenzen beschneiden,
-   Ständige Kündigungsdrohung,
-   Kleinliche Kontrollen, ununterbrochene Überwachung,
-   Mit Aktennotizen, Briefen, Beschwerden etc. überziehen,
-   Anwesenheitszeiten pedantisch kontrollieren und dokumentieren (lassen),
-   Dossiers anlegen über alle MitarbeiterInnen ...

(Neuberger, 1999, S. 26)

Er gibt auch ***Beispiele für alternative Einteilungen der Mobbing–Handlungen***:
Die Bedürfnispyramide von *Maslow*, bei der zwischen fünf Grundbedürfnissen unterschieden wird:

-   basale Existenzbedürfnisse (z.B. Gesundheit, Unversehrtheit, Nahrung, Schlaf, etc.)
-   Sicherheitsbedürfnisse (Existenzsicherung, Daseinvorsorge, Schutz, etc.)
-   Soziale Bedürfnisse (Zugehörigkeit, Kontakt, Beziehung, etc.)
-   Ich – Bedürfnisse (Ansehen, Respekt, Geltung, Anerkennung, etc.)
-   Selbstverwirklichungsbedürfnisse (Wachstum, Entfaltung, Würde, etc.)

7

Systematik und Beispiele von Aggression bei der Arbeit aus Baron & Neumann:

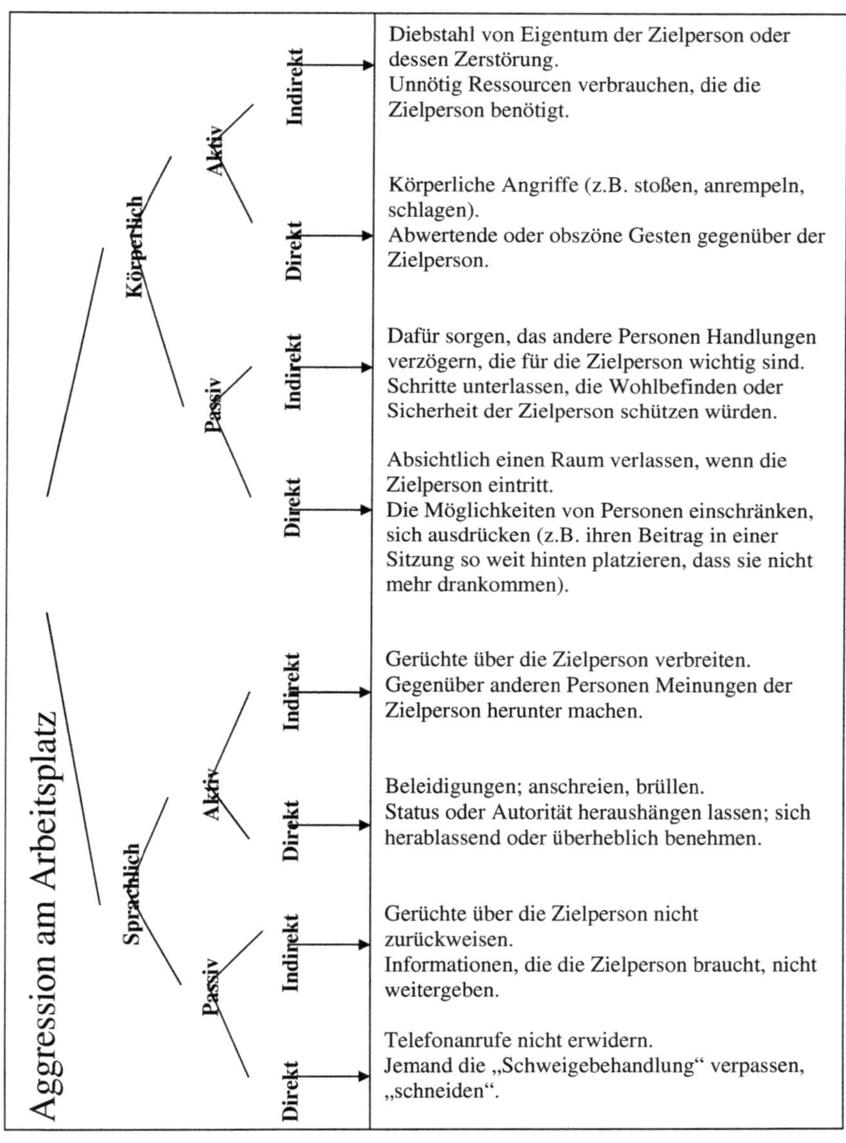

Die **Kategorisierung** nach *Bassman:*

- Herabwürdigung und Entwertung der Person (verletzende, schonungslose Kritik, Beschimpfungen, usw.);
- Arbeitsüberlastung und Entwertung des Privatlebens;
- Schikane durch Pedanterie;
- Überwertung und Manipulation von Informationen (bestimmte Mitarbeiter werden bevorzugt behandelt, es wird auf Misserfolgen ‚herumgeritten‘, positive Leistungen werden im Feedback negativ dargestellt, keine positiven Rückmeldungen);
- Mit Drohung und Einschüchterung führen (‚fertigmachen‘, ‚zur Schnecke machen‘, Bsp.: „Vergessen sie nicht, mit wem sie reden!", „ Wenn sie damit bis Freitag nicht fertig sind, ist es aus mit ihnen!" usw.);
- Sich mit fremden Federn schmücken, unfair übervorteilen (fremde Leistungen als eigene ausgeben, Belohnung für sich kassieren, usw.);
- Wahrnehmung von Chancen verweigern;
- Die Fähigkeit einer Arbeitskraft ‚runtermachen‘, um Entlassungen zu rechtfertigen (schlechte Beurteilung, Gehaltserhöhung verweigern usw.);
- Impulsives und destruktives Verhalten (Wutausbrüche, physische Aggressionen usw.);

Esser & Wolmerath beschreiben die **Handlungen der Mobbingbetroffenen in der Mobbing – Situation** wie folgt:

1. Spontane Reaktionen

- Überraschung, Verblüffung, Schreck
- Wut, Ärger
- Stotternde Antworten, unangemessene Gegenreaktion
- Anflug von Depression, Schuldgefühl, Unsicherheit
- Wieso ich? Wie können Menschen so sein?

2. Bewältigungsverhalten

- Aktive Gegenwehr: Schimpfen, Angriffe zurückweisen usw.
- Klärungs- und Versöhnungsversuche (warum machst du das? Können wir nicht friedlich miteinander auskommen? Was habe ich getan?)
- Ausgleich außerhalb der Arbeit suchen
- Unterordnungsversuche (Kritik zuvorkommen, alles besonders gut machen)
- Ignorieren (>>dickes Fell<<; so tun als ob man nichts bemerkt)
- Vermeidungsverhalten (aus dem Weg gehen)
- Beschwerde beim Vorgesetzten oder Außenstehenden
- Suche nach Rückhalt und Bestätigung
- Verlassen der Situation

1. Überforderung des individuellen Bewältigungsvermögens

- Dauerhaftes Durchspielen der Situation, im Kreise denken und fühlen
- Abbau der inneren Ressourcen; äußere Unterstützung nimmt ebenfalls ab
- Hoffen auf externe Lösungen
- Schwanken zwischen Selbstbehauptugnswillen, Selbstzweifel und Angst

2. (Psychosomatische) Auswirkungen
   - Psychisches Unwohlsein
   - Psychosomatische Beschwerden (Dauerstress)
   - Depressionen oder Obsession
   - Missbrauch von Medikamenten, Alkohol und anderen Drogen
   - Posttraumatisches Stresssyndrom
   - Arbeitsunfähigkeit

(Esser & Wolmerath, 1997, S. 31f)

2.2 Phasenmodelle des Mobbings

Mobbing ist ein in mehreren Phasen ablaufender dynamischer Prozess. Jede dieser Phasen ist von unterschiedlichen Symptomen gekennzeichnet. Der ungelöste Konflikt steht am Anfang der Mobbing – Handlungen.

Beispiel eines möglichen Verlaufs sozialer/psychischer/physischer Prozesse als Folge von Mobbing – Handlungen nach Brommer (1995):

Mobbing-Verlauf	Veränderungen im Verhalten der Opfer	Veränderungen in der Meinungsbildung über die Opfer	Zeitraum / Zeitspanne	Mögliche psychosomatische Symptome / Erscheinungen
Konflikt bricht aus			Anfangsphase	
Ungelöster Beziehungskonflikt entsteht	Opfer wehrt sich, ein Opfer zu sein	Opfer wird gefunden (Sündenbock – Funktion)	Anfangsphase	Nervosität entsteht beim Opfer
Erste Mobbing – Handlungen	Opfer nimmt sich als Opfer wahr	Opfer ist anstrengend / wird anderen lästig	In den ersten Wochen	Seelischer Stress beginnt, Schlaflosigkeit stellt sich ein, Kopfschmerzen/Niedergeschlagenheit
Gravierende Machtübergriffe geschehen (Rechts-/ Identitätskränkungen)	Das Bewältigungsvermögen der Opfer nimmt ab, Aggressionen /Hilfslosigkeit (unangemessener Umgang mit anderen)	Niemand arbeitet mehr gerne mit dem Opfer zusammen	6 bis 12 Monate	Störungen des seelischen Gleichgewichts als Folge von Dauerstress, Konzentrationsprobleme, Antriebslosigkeit, Magenbeschwerden
Rechtsbrüche geschehen (Androhung der Kündigung/ Versetzungen)	Verzweiflung entsteht gepaart mit Aggression / Depression (längerer Arbeitsausfall)	Opfer wird durch sein Verhalten von den anderen nicht mehr akzeptiert (soziale Isolierung)	1 bis 2 Jahre	Depressionen, allg. Angstzustände treten auf (Existenzangst), anhaltende Beschwerden, längere Krankheitsphase
Die entgültige Ausgrenzung findet statt	Letzte Versuche des Opfers, sich wieder aufzurichten /zwanghafte Rechtfertigungsuche (Obsession, Arbeitsunfähigkeit)	Soziale Ausgrenzung und Schuldigsprechung des Opfers (Stigmatisierung), Opfer wird als psychisch krank gesehen	2 bis 4 Jahre und später	Depressionen, Verlust der Konzentrationsfähigkeit (Psychopharmaka), mögliche Tabletten-/ Alkoholsucht, chron. Psychosom. Störungen, akute Selbstmordgefahr

Das **Phasen – Modell von Leymann** (1993, 1995):

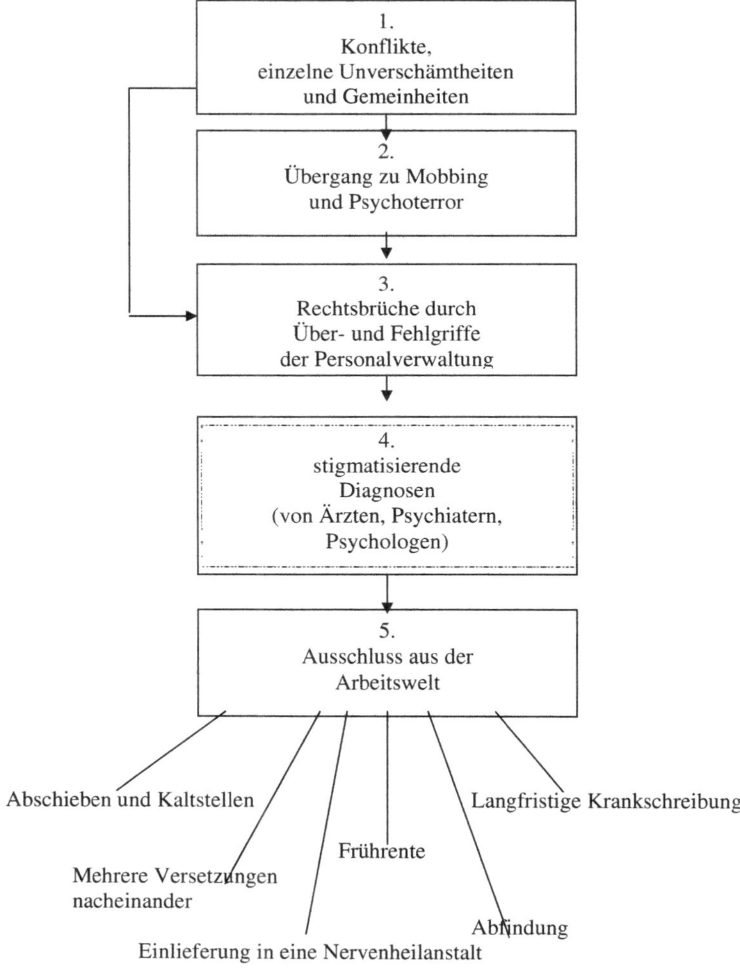

Leymann sagt, dass alle Mobbingangriffe den gleichen Verlauf haben. Er unterscheidet

fünf Phasen eines Psychoterrors.

In der *ersten Phase* platziert er die täglichen Konflikte. In jedem Betrieb gibt es Meinungsverschiedenheiten, Streitigkeiten um Macht und Einfluss, Ungerechtigkeiten und Suche nach Sündenböcke. Viele dieser Konflikte sind auch konstruktiv und notwendig. Ein geringer Teil dieser Konflikte entwickelt sich jedoch zu Mobbing.

Die *zweite Phase* ist die, in der sich Mobbing etabliert. Warum es zu der Entwicklung kommt, ist Leymann zu folge nicht nachvollziehbar. In dieser Phase wird das Opfer <<präpariert>>. Seine psychische Verfassung verschlechtert sich, sein Selbstvertrauen wird gestört, es bekommt Existenzängste und nimmt Verteidigungsverhalten an.

Leymann stellt fest, dass nicht unbedingt jedes Opfer diese Phase mitmachen muss. Manche werden schon durch die erste Phase ausgeschlossen.

In der ***dritten Phase*** kommt es zu destruktiven Handlungen der Personalverwaltung. Das Opfer ist nach längerer Zeit des Psychoterrors tatsächlich auffällig geworden. In einem Versuch das Problem zu lösen, kann es zu Versetzung des Opfers oder gar Kündigungsandrohung kommen. So fühlt sich das Opfer nur noch mehr eingeengt und hilflos.

Leymann zählt eine Reihe an Fehlhandlungen der Personalverwaltung:

- Nur eine Person wird als Sündenbock betrachtet.
- Bei einem Streit zwischen Personen in ungleicher hierarchischen Position, wird meist die mit niedrigerem Rang zum Sündenbock erkoren.
- Man hält diese Person in Ungewissheit.
- Man macht dem Betroffenen Hoffnung, aber im Grunde unternimmt man gar nichts (Zeitmangel und sonstige Ausreden).
- Maßnahmen werden ohne den Betroffenen besprochen.
- Der Betroffene wird nach dem Urlaub oder Krankheit über Maßnahmen gegen ihn informiert.
- Maßnahmen werden ergriffen, obwohl die Situation geregelt schien.
- Die Arbeitgeber und Betriebsräte fassen oft ihre Entschlüsse aus reinem Prestigedenken.
- Die Gewerkschaftsvertreter handeln oft unwissend und ohne Engagement. Sie verkaufen das Recht des einzelnen, um besser bei der Mehrheit angesehen zu sein.

Zu dem Fehlverhalten der Personalverwaltung, kommen auch eindeutige Rechtsbrüche:

- Verstöße gegen das Recht, gehört zu werden. Der Betroffene kann seine Version des Problems nicht darstellen. Er wird verurteilt, ohne gehört zu werden. Der Zeuge, Ankläger und Richter ist oft die gleiche Person.
- Sich weigern, Mitteilungen entgegenzunehmen. Schriftliche Stellungnahmen des Opfers werden abgelehnt oder verdreht.
- Mobbing, um eine Eigenkündigung zu veranlassen. Bei geplanten Kündigung, um z. Bsp. Abfindungszahlung zu vermeiden.
- Fristen setzen, die das Opfer nicht einhalten kann.
- Bewusste und absichtliche Verleumdung.
- Keine Aufklärung über die Rechtslage und Möglichkeiten des Opfers.
- Versuche, vertrauliche Informationen zu erhalten, die dann gegen das Opfer verwendet werden.
- Absprachen hinter dem Rücken des Opfers.
- Voreingenommenheit.

In der ***vierten Phase*** kommt es zu Stigmatisierung des Opfers durch Ärzte, Psychiater, Psychologen etc.

Und die letzte ***fünfte Phase*** führt zum Ausschluss des Opfers aus dem Arbeitsleben. Leymann benennt eine Reihe von Endstationen, die das Opfer bis zum endgültigen Ausscheiden durchlaufen muss:

- Abschieben und Kaltstellen (Ausgrenzung, Isolation, Arbeitsentzug);
- Fortlaufende Versetzungen;
- Krankschreibungen;
- Zwangseinweisungen in die Nervenheilanstalt;
- Abfindung oder Frührente.

3. Ursachen

Es gibt verschiedene Ursachen und Anlässe für Mobbing, sagt *Norbert Kollmer*. So unterschiedlich wie das Persönlichkeitsprofil der Schikanetäter ist auch die Zielgruppe der Mobbing–Opfer.

Kollmer weist darauf hin, dass die Täter unterschiedliche Ziele verfolgen. Er versucht auch die Schikanesubjekte zu kategorisieren:

- Schikane durch den Arbeitgeber gegenüber dem Beschäftigten,
- Schikane durch den Vorgesetzten gegenüber dem Untergebenen,
- Schikane durch Kollegen untereinander,
- Schikane durch Mitarbeiter gegenüber ihren Vorgesetzten („am Stuhl sägen") oder ihrem Arbeitgeber und
- Schikane durch Außenstehende (z.B. Leiharbeitnehmer, Wettbewerber, Zulieferanten).   (Kollmer, 1997, S. 22)

Führungskräfte (Arbeitgeber und Vorgesetzte) können durch Schikanen die Mitarbeiter disziplinieren, einen Informationsvorsprung behalten oder erreichen, ihre eigene Kompetenz demonstrieren oder einfach nur ihre Arbeitskraft maximal ausnutzen wollen. Neben diesen ‚objektiven' Interessen kann sich aber auch nur Machtausübung verstecken.

Die Schikane der Kollegen kann durch Intrigen, Rache, Ausländerhaß, Antipathie oder aber nur durch Sicherung des eigenen Arbeitsplatzes erfolgen.

Die Vorgesetzten werden von ihren Mitarbeitern schikaniert, wenn sie z.B. nicht beliebt sind, wenn man andere Kandidaten oder sich selber auf ihre Stelle bringen will oder um Kündigung wegen z.B. Arbeitslosengeld zu bekommen.

„Eine amerikanische Studie ergab, dass die Einstellungen und Gefühle, die ein Mensch seiner Arbeit gegenüber hat, seine gesamte psychische und physische Befindlichkeit beeinflussen: Vor allem Beschäftigte, die wenig Verantwortung an ihrem Arbeitsplatz und kaum Mitwirkungs- und Entscheidungsmöglichkeiten hatten, litten unter depressiven Verstimmungen, Schlafstörungen, Herz- und Magenbeschwerden. Sie waren auch insgesamt unzufrieden mit ihren Arbeitsbedingungen..."   (Walter, 1993, S.56)

Zahlreiche empirische Untersuchungen ergaben, dass der technisch- organisatorische Wandel in den Betrieben nur zum Wandel der Belastungen führte. Die physischen Belastungen nahmen ab, dafür aber die psychischen Belastungen nahmen, durch *die >>informatorisch-mentale<< Beanspruchung* zu. *Statt einer Reduzierung hatte man ein vergrößertes Spektrum von Belastungen und Stressfaktoren.*   (Walter, 1993)

Walter zeigt anhand einer Grafik, unterschiedliche Arten von Stressfaktoren, die einen arbeitenden Menschen beeinflussen.
Fast alle Bereiche können Ursache eines Konfliktes, der Beginn eines Mobbingfalles und die Krankheitsauslöser eines Arbeitnehmers werden. (Walter, 1993)

Mobbing entwickelt sich immer aus einem Konflikt. Die Ursachen, die den Konflikt ausgelöst haben, sind also auch die Mobbingursachen.
Leymann untersucht die Ursachen für Mobbingverläufe. Dazu stellt er folgende Fragen:

1. Aus welchen Gründen kann sich Mobbing aus einem Konflikt entwickeln?

2. Aus welchen Gründen kann sich eine Mobbingsituation festsetzen und immer schlimmere Formen annehmen?

Bei der Frage nach Gründen bedient sich Leymann einer Hypothese:

„Ein Betrieb oder eine Verwaltung strebt nach *normalen* Produktions- oder Arbeitsverhältnissen. Abweichungen davon können als *Probleme* bezeichnet werden. Können sie nicht gelöst werden, können *Konflikte* entstehen, die in eine *Krise* übergehen können."
(Leymann, 1993, S.131)

Normalität bedeutet: störungsfreie Abläufe bei Ressourceneinsatz (wirtschaftliche, berufliche, administrative und soziale Ressourcen). Abweichung von dieser Normalität, bedeutet: ein Problem.
Ein Problem benötigt zusätzliche Ressource: die Problemlösungsfähigkeit. Ist diese Ressource nicht vorhanden, kann es zu Personifizierung des Problems kommen und somit zur Konfliktentstehung. Durch mögliche Meinungsverschiedenheiten und Toleranzmangel kann sich der Konflikt verschärfen. Eine Krise bricht aus. Die zwischenmenschliche Kontakte werden abgebrochen. Es muss zu Realitätsprüfung kommen: was stimmt, und was stimmt nicht? Versagt die menschliche Ressource, so kommt man aus der Vertrauenskrise nicht mehr heraus. Der gesamte Arbeitszusammenhang kann zusammenbrechen. In diesem destruktiven Prozess kann ein Mensch sehr leicht zum Sündenbock gemacht werden und somit zum Mobbingopfer.

Die Arbeitsorganisation, die Aufgabengestaltung und die Leitung der Arbeit sind somit die wichtigsten Ursachen des Mobbings.
Die Stressreaktion und der Frust, die durch Defizite in diesen Bereichen beim Individuum entstehen können, haben negative Wirkung auf den Zusammenhalt der Arbeitsgruppe.

Leymanns Antwort auf die zweite Frage:

(1) Bricht Mobbing aus, und es kümmert sich niemand darum, dann greift das Feuer leicht um sich.
(2) Hat ein Mobbingverlauf erst einmal Fuß gefasst, dann ist er nicht mehr leicht zu handhaben. Das Opfer wird nun stigmatisiert.
(3) Ist dem Opfer durch die Stigmatisierung seine Menschenwürde genommen worden, scheint jedes Mittel recht zu sein, sich des Opfers, aber nicht der Täter zu entledigen.
(Leymann, 1993, S.129 f.)

Leymann sieht das *Versagen der Betriebsleiter und Manager* als Hauptursache für Vertiefung und Ausbreitung des Mobbings.

4. Folgen von Mobbing

Die Folgen des Mobbings sind genauso vielfältig, wie auch ihre Ursachen.

„Aus der Sicht der Betroffenen reichen sie von seelischem Druck bis hin zu Krankheit, traumatischen Ängsten und psychischen Schäden. Die Störung des Betriebsfriedens in Form von Schäden als Folge von Schlechtleistung durch „innerlich gekündigte" Arbeitnehmer oder durch Absonderung von Leistungsträgern bis hin zu Schäden und arbeitsunfällen durch Fehler von entnervten Arbeitnehmern sind nicht selten die finale Konsequenz. Die Beschäftigung mit immer neuen Intrigen im Vorgesetzten- und Kollegenkreis schaft ein vergiftetes Klima im Betrieb, das zu erheblichen Reibungs- und Leistungsverlusten führt. Schikane führt zu einer Vergiftung des Klimas der Gesellschaft insgesamt und hat damit eine erhebliche betriebs und volkswirtschaftliche Dimension."

(Kollmer, 1997, S. 25)

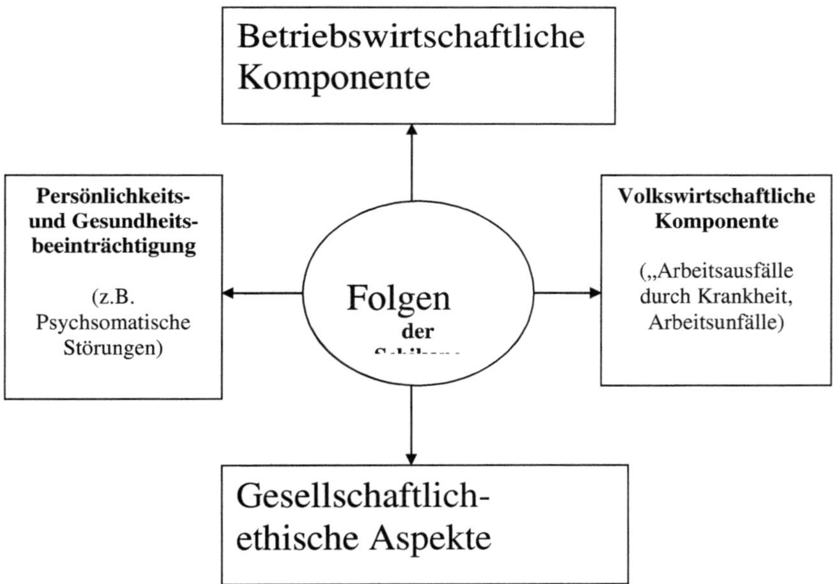

Die Auswirkungen von Mobbing auf eine Organisation sind eine erhöhte Belastung der Betroffenen, was sich negativ auf die Arbeitsleistungen auswirkt, Freude an der Arbeit verhindert, das Arbeitsklima erheblich verschlechtert, eine geringe Motivation und höhere Fehlzeiten zur Folge hat, was zunehmend zu Störungen von Arbeitsabläufen führt und die Leistungsfähigkeit einer Organisation beeinträchtigt.

(Brommer, 1995, S. 19)

Auswirkungen von Mobbing auf den Betrieb nach Walter (1993):

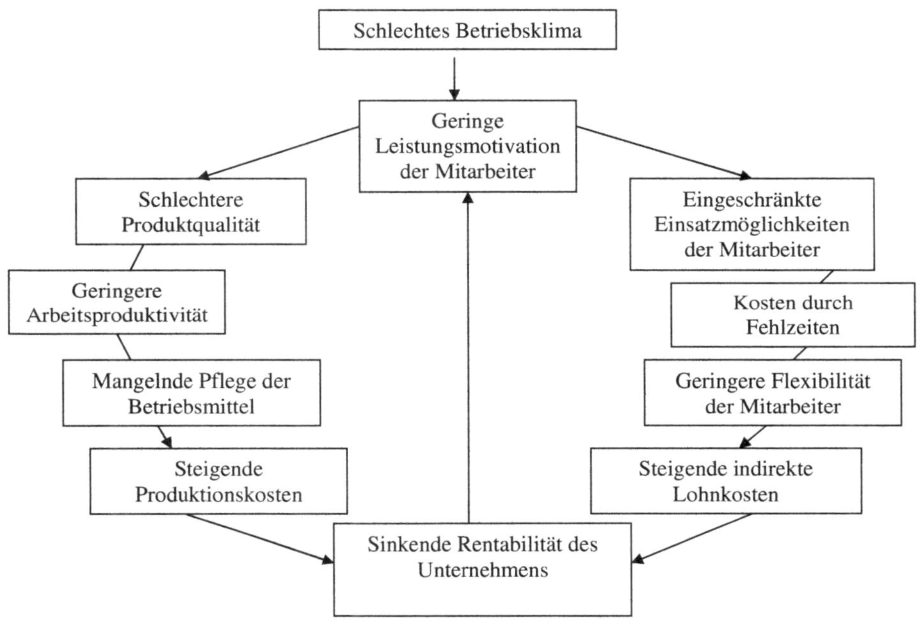

Die volkswirtschaftlichen Mobbing–Kosten in Deutschland schätzt man zwischen **30 und 100 Mrd. DM jährlich**.

„Zwischen 50.000,- und 150.000,- DM ... koste ein Mobbing – Opfer die Unternehmen pro anno: Fehlzeiten, Krankenstand, Leistungsminderung, schließlich Reibereien bei den Arbeitsunfällen und Kündigung" zitiert Neuberger die Aussage von *Stelzer*.

Bassman unterscheidet drei Kostenkategorien: direkte (z.B. Behandlung von Erkrankungen, Fehlzeiten, Entschädigungen, Prozesskosten), indirekte (z.B. Qualität, Fluktuation, Fehlzeiten, schlechte Kundenbeziehungen, Sabotage- und Rachehandlungen) und Opportunitätskosten (entgangener Gewinn).

Ca. 10% aller Selbstmorde werden lt. Leymann auf Mobbing am Arbeitsplatz zurückgeführt, so Neuberger. Und er zitiert auch die Argumente vom Schwertfeger über die psychischen Erkrankungen: „So erfolgten 1990 bereits 13,8% aller Frührentenzugänge aufgrund seelischer Probleme. Das entspricht einer Zunahme von fast 60% innerhalb von sieben Jahren. Auch der BKK [Bundesverband der Betriebskrankenkassen] verzeichnet drastische Steigerungsraten: Waren 1980 nur 64 Arbeitsunfähigkeitstage je 100 Pflichtmitglieder durch psychische Krankheiten bedingt, so waren es 1990 bereits 93 Tage. Den Löwenanteil dabei nehmen Neurosen, Persönlichkeitsstörungen und andere nicht psychotische Erkrankungen ein, also Störungen, die wesentlich durch die Umwelt bestimmt sind".

Neuberger warnt von sorglosem Umgang mit Zahlen und Ursachenzuschreibungen. Die betriebliche Situation ist vielleicht Anlass oder Auslöser einer Erkrankung oder Fehlzeit, aber keineswegs die einzige Ursache.

„Es entsteht der Eindruck, als ob die Propagatoren des Mobbing–Konzepts mit aller Gewalt(!) auf die Bedeutung ihrer Entdeckung hinweisen wollten. Diese Monomanie verführt sie dazu, Effekte, die auch anderen Einwirkungen und sehr Komplexen Interaktionen zuzuschreiben sind, einseitig aufs Konto von Mobbing zu buchen. Oder sollte es sich um ein subversives Plädoyer für die Bedeutung von ‚strukturellem Mobbing‘ handeln?“
(Neuberger, 1999, S. 101)

5.   Maßnahmen gegen Mobbing

Das Opfer kann das Mobbing auf die Dauer nicht bewältigen. Und obwohl prinzipiell Bewältigungsmöglichkeiten bestehen (Kampf oder Flucht, Standhalten oder Ausstieg), so ist es außerstande, lt. Leymann, diese Möglichkeiten wahr zu nehmen oder nutzen. Zum kompletten Bewältigungsregister bedarf der Mensch:

- eine gute physische und psychische Verfassung,
- Selbstvertrauen,
- Ansehen bei anderen,
- soziale Unterstützung,
- stabile wirtschaftliche Verhältnisse,
- Handlungsspielraum,
- die Fähigkeit, Probleme zu lösen,
- die Fähigkeit, sich in der Gesellschaft zu orientieren.

Und gerade diese Faktoren kommen in einer Mobbingsituation aus dem Gleichgewicht.

Heinz Leymann ist der Meinung, dass die Betroffene allein kaum etwas gegen Mobbing unternehmen können. Sie benötigen Hilfe von außen. Er schlägt verschiedene **Interventionsmöglichkeiten** vor:

- **Vorbeugen und frühes Eingreifen**. (Gesprächsrunden, Seminare, Einladung freier Theatergruppen und Führungsschulungen in denen die Probleme gemeinsam diskutiert werden. Offizielle Schlichtungsverfahren und Einführung eines Beraters.)

- **Versöhnen**. (Bei gelegentlichen Konflikten und Auseinandersetzungen eine Versöhnung herbeiholen, damit keine destruktiven Feindseligkeiten entstehen.)

- **Professionelle Hilfe**. (Es sind ausgebildete Mobbingexperten damit gemeint.)

- **Juristische und psychosoziale Rehabilitation**. (Juristische Schritte zur Klärung verzwickter Sachverhalte und Rechtsbrüche. Entstigmatisierung des Opfers, Psychotherapien, Krisengespräche, berufliche Rehabilitation und Coaching der Vorgesetzten.)

- **Hilfe der Gewerkschaften**. (An sich ist Leymann in diesem Punkt eher skeptisch, da Mobbing meist von Kollegen ausgeht und somit ist auch nicht einfach, als Außenstehender Partei zu ergreifen. Gewerkschaften können jedoch juristische Beratung und die Vermittlung von juristischen und therapeutischen Hilfsangeboten übernehmen.)

- **Hilfe von Kollegen und Selbsthilfegruppen**.(Emotionaler Rückhalt.)

- Inanspruchnahme **seelsorgerischer Hilfe**. (Tiefe existentiellen Ängste und Verunsicherungen.)

Esser & Wolmerath schlagen folgende Wege zur Konfliktbehandlung:

- Bearbeitung und Supervision durch externe Experten,
- Persönliche Gegenwehr des Mobbingbetroffenen,
- Schlichtungsversuch des Betriebsrats,
- Konfliktbereinigung / Machteingriff durch Vorgesetzte,
- Juristische Maßnahmen / Einigungsstelle.

Jede dieser Möglichkeiten wird von ihnen zusätzlich differenziert, z.B. bei den „Formen der Gegenwehr für Mobbingbetroffenen"

- (dem Mobber) Grenzen setzen,
- (den Mobber) entmutigen,
- (den Konflikt) versachlichen,
- (den Mobber) verunsichern,
- (den Mobber) isolieren,
- (den Mobber) einschüchtern.

Das Opfer von Esser & Wolmerath ist souverän und stark und ist in der Lage sich klug, sachlich und kompetent zu wehren.

Und zum Schluss noch die Kategorisierung vom *Zuschlag:*

1. Abwarten und erdulden,
2. Selbstkritische Prüfung,
3. Vorbeugung gegen Mobbing bzw. Mobbingeskalation,
4. Gegenangriff,
5. Innere Kündigung,
6. Kündigung des Arbeitsverhältnisses.

6. Mobbing Rechtliche Bewertung am Arbeitsplatz

Die Vielfalt von Verhaltensweisen machen einen Straftatbestand nach geltendem Recht sehr umfangreich und damit eine rechtliche Würdigung fast ausgeschlossen für den Betroffenen.

Eine Gesamtschau einheitlicher Mobbingprozesse ist durch erforderliche Einzelhandlungen der Bewertungen nach Vorsatz und Fahrlässigkeit nicht möglich, da weitverzweigte Paragraphen des StGB und BGB einzubringen sind und einzeln abgewogen werden müssen.

Der Mobber bewegt sich allgemein im „rechtlich erlaubten" Rahmen.
(Missachtung und Abneigung muss grundsätzlich hingenommen werden)

Ziel des Mobbers ist die „Beseitigung" des Kontrahenten.
Handlungen werden vorsätzlich geplant.
Dadurch werden Sanktionen von Handlungen des Mobbers möglich:

Der Mobber muss einen Straftatbestand *rechtswidrig mit Wissen und Wollen* verwirklichen, d.h. wenn sein Handeln im Widerspruch mit der Gesamtheit der Rechtsvorschriften steht.
Als gesellschaftlich zulässig und somit *sozialadäquat* wird schon betrachtet, wenn jemand von einem Kollegen „geschnitten" wird. (Weder die Bereitschaft zur Kommunikation noch die Verpflichtung zu korrektem Verhalten kann erzwungen werden.)
Nur wenn diese Grenze überschritten wird, ist eine rechtswidrige Tatbestandsverwirklichung die Regel.

Straftatbestände:

§ 223 StGB   vorsätzl. Körperverletzung
§ 230   fahrlässige Körperverletzung
§ 240   Nötigung   (Offizialdelikt)
§ 185   Beleidigung
§ 186   Üble Nachrede
§ 187   Verleumdung
§ 192   Beleidigung trotz Wahrheitsbeweis
§ 119 BetrVG Straftaten gegen Betriebsverfassungsorgane

Extrem wird eine Strafbarkeit wegen *Tötung in mittelbarer Täterschaft*
§§ 211,212, 25 Abs.1 (2) StGB *–Selbsttötung -*, wenn der Mobber(Täter) den Betroffenen als Werkzeug gegen sich selber benutzt.

Vorwerfbar ist, wenn der Täter damit hat rechnen können, dass das Opfer dadurch Schaden erleiden würde (§ 230 StGB)

Beispiele:

-Nötigung   Drohung mit empfindl. Übel durch Unterlassung/ Duldung einer Handlung
-Beleidigung   Hallo, Schwuchtel/ ´n Tag, Kanake
-Üble Nachrede nachweisliche Unwahrheit ..". ich habe gehört..".(über Dritte erfahren...)
-Verleumdung   in Fragestellen der Person, um ihr Schaden zuzufügen/ Herabwürdigung

Verwirklichung eines Straftatbestandes
        Die „3 W"   = Wer-Was-Wie

- ***Strafanzeige*** durch Jedermann   (bei StA/ Pol/ AGer) >*Verdacht, keine rechtl. Verpflicht.*
- ***Strafantrag*** durch Verletzten/   (innerhalb. 3 Mon.)   >*Antrag,(außer § 240= Offiziald.)*
Realisierung der Gegenwehr durch Betroffenen

        Zu große psychische Belastung, dadurch Hemmung
        Juristische Aufarbeitung zum späteren Zeitpunkt, dadurch Terminverfall

Zivilrechtlich nach § 823 BGB i.V.m. §1004 BGB muss Zwang ausgeübt worden sein.
Der Beweis muss vom Geschädigten erbracht werden.

Der Geschädigte kann nur in konkreten Einzelfällen vorgehen und trägt die jeweilige
Beweislast
Recht haben und ***Recht bekommen*** sind unterschiedliche Schuhpaare.

Außer § 240 StGB und § 119 BetrVG sind die Rechtsgrundlagen **Privatdelikte.**
Der Verletzte muss zuvor *erfolglos einen Sühneversuch* bei der zuständigen Justizverwaltung
angestrebt haben.

                (Kleinknecht/ Meyer-Goßner)

7. Literaturliste

Bassman, Emily S.: Abuse in der workplace. Management remedies and bottom line impact; Westport & London 1992

Brommer, Ulrike: Mobbing – Psychokrieg am Arbeitsplatz und was man dagegen tun kann; München 1995

Esser, Axel & Wolmerath, Martin: Mobbing. Der Ratgeber für Betroffene und ihre Interessenvertretung; Köln 1997

Kollmer, Norbert: Mobbing im Arbeitsverhältnis; Heidelberg 1997

Leymann, Heinz: Mobbing. Psychoterror am Arbeitsplatz und wie man sich dagegen wehren kann; Reinbek 1993

Neuburger, Oswald: Mobbing. Übel mitspielen in Organisationen; München und Mering 1999

Niedl, Klaus: Mobbing / Bullying am Arbeitsplatz. Eine empirische Analyse zum Phänomen sowie zu personalwirtscahftlich relevanten Effekten von systematischen Feindseligkeiten; München und Mering 1995

Prosch, Alexandra: Mobbing am Arbeitsplatz. Literaturanalyse mit Fallstudie; Konstanz 1995

Walter Henry: Mobbing: Kleinkrieg am Arbeitsplatz; Frankfurt und New York 1993